Inhalt

Chefsache Konfliktmanagement

Kernthesen

Beitrag

Fallbeispiele

Weiterführende Literatur

Impressum

Chefsache Konfliktmanagement

I. Zeilhofer-Ficker

Kernthesen

- Die konstruktive Auseinandersetzung mit Konflikten, mit unterschiedlichen Meinungen und Vorstellungen, ist die unabdingbare Basis für Weiterentwicklung und Innovation. (1)
- Durch fehlendes Konfliktmanagement kommt es häufig zu Mobbing im Unternehmen: 800 000 Mobbing-Fälle in Deutschland verursachen einen wirtschaftlichen Schaden von ca. 15 Milliarden Euro pro Jahr. (2)
- Konfliktmanagement ist Chefsache: Die Unternehmensleitung muss für eine Firmenkultur sorgen, in der es Usus ist,

Konflikte so auszutragen, dass alle Konfliktparteien als Gewinner aus der Auseinandersetzung gehen können.
- Arbeitgeber können - wenn sie nicht frühzeitig gegen Mobbing vorgehen - seit August 2002 von Mobbingopfern auf Schadenersatz verklagt werden. (4)
- Eine ausgeprägte Streitkultur sowie eine fundierte Strategie zum Konfliktmanagement sind notwendig, um das positive Potenzial von Konflikten für den Erfolg des Unternehmens zu nutzen.
- Die Mediation als Konfliktlösungsverfahren - in den USA bereits seit 30 Jahren im Einsatz - beginnt sich auch bei uns als Konfliktlösungssystem durchzusetzen. (3)

Beitrag

Konflikte überall

Konflikte - nein danke

Den meisten Menschen bereiten Konflikte eher gemischte Gefühle, sie haben Angst wenn sie in einen

Konflikt geraten und würden gerne darauf verzichten Aber Konflikte gehören zum täglichen Leben, sei es die Meinungsverschiedenheit von Eltern mit Kindern, wenn es darum geht, ob das Kinderzimmer aufgeräumt wird oder nicht, sei es zwischen Ehepartnern, wenn das Geld nur für die Anschaffung einer neuen Waschmaschine oder der neuen Stereoanlage reicht, oder im Betrieb, wenn zwei geplante Projekte um das gleiche Budget konkurrieren.

Hurra - ein Konflikt

Dabei wird oft übersehen, dass Spannungen und Konflikte die treibende Kraft für positive Weiterentwicklung und für Fortschritt, dass kontroverse Meinungen notwendiges und unvermeidbares Element von geistigem Wachstum sind. Allerdings gehört dazu ein spezielles Verhältnis zu Konflikten, eine Streitkultur, in der gegenteilige Meinungen ausdrücklich willkommen sind und positiv bearbeitet werden, eine Toleranz gegenüber anderen Wertvorstellungen und der Respekt vor, bzw. das Interesse an den Gefühlen von anderen Menschen. (1)

Konfliktbewältigung

Erster Schritt zum erfolgreichen Konfliktmanagement ist das offene Ansprechen eines Konfliktes. Allzu häufig werden kleinere Konflikte unter den Teppich gekehrt und schwelen über lange Zeit im Untergrund, bis sie eines Tages als nur noch schwer lösbares Problem wieder zu Tage treten oder zu einer Mobbingsituation geworden sind. Nur eine Firmenkultur, in der unterschiedliche Meinungen ausdrücklich willkommen sind und aufgegriffen werden, in der Interessenkonflikte offen ausgetragen werden und in der die Grundlagen des menschlichen Miteinander praktiziert werden, kann sicherstellen, dass die Mitarbeiter durch die dadurch entstehende positive Arbeitsatmosphäre motiviert werden, ihre Potenziale voll entwickeln und dauerhaft einsetzen können. Das Schaffen dieser Firmenkultur ist Chefsache und muss vom Top-Management eines Unternehmens betrieben und vorgelebt werden. (1), (4)

Schon in der Grundschule die Basis schaffen

Dass Selbstwert, Kommunikation und

Konfliktbewältigung tragende Säulen der Persönlichkeitsentwicklung sind, ist mittlerweile allgemein bekannt. Deshalb werden oft schon in der Grundschule verschiedene Strategien der Konfliktlösung trainiert; es werden Streitschlichter eingesetzt, in Projekten wird versucht, Respekt und Toleranz für die Anderen zu wecken und Strategien zur Konfliktbewältigung zu entwickeln.

In Programmen zur Konfliktbewältigung lernen schon Grundschüler, ihre Gefühle zu benennen, zu streiten ohne zu beleidigen, Grenzen zu respektieren und Konflikte zu entschärfen. Die Trennung eines Konfliktes in die sachliche und die Gefühlsebene ist ebenfalls ein wichtiger Schritt zur gewinnbringenden Konfliktlösung. Diese Grundlagen sind auch in der Erwachsenenwelt gültig und werden in vielen Konfliktmanagement-Trainings als Basis herangezogen. (4), (5)

Konflikte im Betrieb

Konfliktgründe

Die Unvereinbarkeit von zwei oder mehreren Handlungszielen, das heißt unterschiedliche

Meinungen, Vorstellungen oder Interessen, bedingen einen Konflikt. Dabei unterscheidet man drei Arten von Konflikten: Wertekonflikte, Sachkonflikte und Gefühlskonflikte.

Wertekonflikte können im Unternehmen beispielsweise dadurch entstehen, dass Mitarbeiter unterschiedlicher Kulturkreise zusammenarbeiten und durch ihren persönlichen Hintergrund auf ein differierendes Wertegerüst bauen. (3), (6)

Am häufigsten findet man in den Betrieben Sachkonflikte, so zum Beispiel unterschiedliche Meinungen über Budgetverwendung, Personalbedarf, Produktdesign, Problemlösungswege und vieles mehr. Bleibt der Konflikt dabei auf der sachlichen Ebene, so wird er relativ einfach zu lösen sein. Oft werden Sachkonflikte aber emotionalisiert. Die Lösung von Gefühlskonflikten ist wesentlich schwieriger und kann oft nur mit professioneller Hilfe bewerkstelligt werden. (6)

Durch den Trend weg vom Einzelkämpfer hin zum Teamwork und durch die fortschreitende Globalisierung wächst die Neigung zu Konflikten im Unternehmen. Wo viele verschiedene Charaktere aufeinander treffen, bleibt ein steigender Spannungspegel nicht aus. Fehlende Toleranz, mangelndes Vertrauen und ein geringer

Kooperationswille lösen oft Konflikte aus, die nicht unbedingt etwas mit dem eigentlichen Sachthema zu tun haben. (3), (7) Häufige Umstrukturierungen und Fusionen bedingen oftmals unklare Zuständigkeiten und Überschneidungen von Aufgabengebieten, die leicht in Kompetenzgerangel ausufern. (8)

Auswirkungen von fehlendem oder schlechtem Konfliktmanagement

Schwelende Konflikte, aber auch Auseinandersetzungen, die nicht fair gelöst wurden, beeinflussen maßgeblich die Stimmung im Unternehmen. Eine negative Arbeitsatmosphäre wiederum senkt die Arbeitsproduktivität, die Qualität der Arbeitsleistung sowie die Kreativität und Innovationskraft der Mitarbeiter. Das Personal ist demotiviert, erschöpft und öfter krank. Es ist daher unbestritten, dass ein durch Konflikte angeheiztes Reizklima im Betrieb negative, wirtschaftliche Auswirkungen auf die Unternehmensergebnisse hat. (3)

Das Resultat ungelöster Konflikte ist nicht selten die Kündigung eines wertvollen Mitarbeiters; oder aber eine Auseinandersetzung eskaliert in einem langwierigen und aufwendigen Gerichtsprozess. Beide "Lösungen" verursachen hohe Kosten für den Betrieb und bleiben oft für beide Streitparteien unbefriedigend. (3)

Mobbing im Betrieb

Das schlimmste Ergebnis von fehlendem oder falschem Konfliktmanagement ist das Mobbing. Mitarbeiter werden schikaniert, belästigt oder ausgegrenzt und sind dadurch hoher psychischer Belastung ausgesetzt. Eine Studie der Bundesanstalt für Arbeitsschutz und Arbeitsmedizin hat ergeben, das 800 000 Menschen in Deutschland gemobbt werden. Der Wirtschaft entsteht dadurch ein Schaden von ca. 15 Milliarden Euro pro Jahr. Erstaunlich sind die Ergebnisse verschiedener Befragungen und Schätzungen die aussagen, zwischen 58 und 75 Prozent aller Mobbing-Fälle würden vom Vorgesetzten ausgehen. Es sind also die Manager gefragt, Mobbing zu unterlassen, ja aktiv dagegen vorzugehen. Umso mehr, als seit August 2002 nicht nur der Täter, sondern auch der Arbeitgeber vom Mobbing-Opfer auf Schadenersatz verklagt werden kann (§ 253, Abs. 2, BGB). (2), (4)

Strategien zum konstruktiven Konfliktmanagement

Streitkultur etablieren

Jeder Unternehmer sollte es sich zur Aufgabe machen, in seinem Betrieb eine Atmosphäre des Miteinander zu schaffen, in der Konflikte offen und angstfrei angesprochen werden, in der Meinungen und Interessen respektiert und kulturelle Unterschiede geachtet werden. (7) In spannungsgeladenen Situationen sollte das aufeinander Zugehen der Streitparteien unterstützt und verlangt werden. (1) Schon der geringste Verdacht auf Mobbing muss zur sofortigen Klärung der Situation genutzt werden. Hohe Fehlzeiten, Kundenbeschwerden oder Leistungsabfall können Hinweise auf schwelende Konflikte oder sogar Mobbing darstellen und sollten Anstoß zu sofortigem Handeln sein. (8)

Trainings geben Hilfestellung

Eine Vielzahl von Trainings kann Managern und Mitarbeitern eines Unternehmens helfen,

Konfliktsituationen konstruktiv anzugehen. In interkulturellen Trainings lernt man, sich in die Rolle des Andersdenkenden zu versetzen und die unterschiedlichen Wertvorstellungen zu verstehen. (9) In Konfliktlösungs- oder Konfliktmanagement-Kursen lernt man konstruktiv mit innerbetrieblichen Auseinandersetzungen umzugehen. Mobbing-Präventions-Seminare sensibilisieren die Vorgesetzten auf Mobbing-Situationen und zeigen Lösungswege auf. (4)

Die Organisationsaufstellung

Eine Möglichkeit, die Emotionsebene von den Sachthemen zu trennen und so zu einer konstruktiven Problemlösung zu finden, bietet die Organisationsaufstellung. Hier wird über Rollenspiele und das Schlüpfen in verschiedene Stellen der Organisation versucht, die emotionalen Hintergründe für Konflikte aufzuspüren. Durch das Bewusstmachen der Gefühle der Einzelnen kann Verständnis für den Anderen geweckt und Angst genommen werden. (10)

Coaching

Coaching kann Führungskräften bei der konstruktiven Konfliktlösung helfen. Der Coach hört sich das Problem an, er analysiert, versachlicht, strukturiert und versucht mit dem Manager zusammen die beste Vorgehensweise zu finden. Ziel des Coaches ist es, durch gemeinsame Reflexion die Ursachen eines Konfliktes aufzudecken und Lösungswege aufzuzeigen.

Konfliktmanagementsystem mit Mediation

In größeren Firmen bietet sich die Implementierung eines Konfliktmanagementsystems mit Hilfe der Mediation an. Hier werden eine Reihe von geeigneten Mitarbeitern zu Vertrauenspersonen ausgebildet, die bei Konflikten eingreifen und als Vermittler, Übersetzer, Katalysator und Kommunikator wirken. Für schwierigere Probleme bietet sich der Einsatz von professionellen Mediatoren an, die auch die Ausbildung der firmeninternen Konfliktlotsen oder Streitschlichter übernehmen. (3)

Fallbeispiele

Ein Beispiel für ein erfolgreiches Mediationsverfahren ist das Projekt Ausbau der Bahntrasse Gasteinertal. Nach Streitigkeiten von 16 Konfliktparteien über 10 Jahre hinweg konnte man sich jetzt mit Hilfe von 4 Mediatoren über die Durchführung des Projektes einigen. (13)

Im Ablauf des Mediationsverfahrens bekommen alle Streitparteien die Möglichkeit, ihre Sicht des Problems darzustellen. Emotionen sind erlaubt und manchmal sogar erwünscht, um auch verdeckte Konflikte der Emotionsebene ans Tageslicht zu holen und damit die Basis für die Lösung des Kernproblems zu schaffen. (3), (11), (12)
Das Mediationsverfahren wird durch eine konkrete, taugliche und auf Dauer ausgelegte Vereinbarung über die Lösung des Konfliktes abgeschlossen. Ziel ist, dass alle Konfliktparteien als Gewinner aus dem Verfahren gehen. (12)

In der Stadtverwaltung Kerpen ist seit Mitte 2000 ein Konfliktmanagement System geschaffen worden. Hier arbeiten 17 Konfliktlotsen, die in 40 Stunden Training, 20 Stunden Fall-Coaching und durch Beratung am Arbeitsplatz qualifiziert wurden, als Vermittler bei Konflikten. Durch eine

Dienstvereinbarung wurden diese Konfliktlotsen für bis zu 10 Prozent ihrer Jahresarbeitszeit für die Mediatorentätigkeit freigestellt.

Weiterführende Literatur

(1) Produktive Streitkultur
aus Lebensmittel Zeitung 40 vom 04.10.2002 Seite 098

(2) Angst am Arbeitsplatz
aus Stuttgarter Zeitung, 05.10.2002, S. 16

(3) Schwelende Konflikte kosten dauerhaft Kraft
aus Ernährungsdienst 80 vom 19.10.2002 Seite 008

(4) Keine Chance den Mobbern!
aus wirtschaft & weiterbildung, Heft 10/2002, S. 28

(5) Streitfüße für kleine Streithähne In Weißkirchen lernen Grundschulkinder, Konflikte zu lösen
aus Frankfurter Rundschau v. 22.10.2002, S.43, Ausgabe: R Region

(6) KOMPETENZ IM BRENNPUNKT Führung ohne Rosenkrieg
aus IT Business, Heft 13/2002, S. 18

(7) Mythos Team auf dem Prüfstand - Teamarbeit in deutschen Unternehmen
aus Direkt Marketing, Heft 11/2002, S. 16-17

(8) Standpunkt - Wozu brauchen Chefs eine

Mobbing-Hotline?, Süddeutsche Zeitung, 05.10.2002, Ausgabe Deutschland, S. V1/13
aus Direkt Marketing, Heft 11/2002, S. 16-17

(9) Das Miteinander üben
aus Kölner Stadtanzeiger, 31.10.2002

(10) Die etwas unkonventionelle Art der Einkaufsberatung Im eigenen Spiegel wiederfinden?
aus BA Beschaffung aktuell, Heft 10, 2002, S. 52

(11) Beim Mediator können alle gewinnen
aus Kölner Stadtanzeiger, 09.11.2002

(12) Streiten per Anwalt - aber nicht auf dem Rechtsweg In Deutschland steigt das Interesse an Konfliktlösung durch Mediation " Berufsvereinigung regelt neue Zusatzqualifikation
aus FTD Financial Times Deutschland vom 11.10.2002, Seite BE5

(13) Vermittler in Sachen Umwelt Das Mediationsverfahren beim Projekt Ausbau der Bahntrasse Gasteinertal ist abgeschlossen
aus WirtschaftsBlatt, 11.12.2002, Nr. 1767, S. A28

Impressum

Chefsache Konfliktmanagement

Bibliografische Information der deutschen Nationalbibliothek

Die Deutsche Nationalbibliothek verzeichnet diese Publikation in der deutschen Nationalbibliografie; detaillierte bibliografische Daten sind im Internet über http://dnb.d-nb.de abrufbar.

ISBN: 978-3-7379-0149-9

© 2015 GBI-Genios Deutsche Wirtschaftsdatenbank GmbH, Freischützstraße 96, 81927 München, www.genios.de

Alle Rechte vorbehalten. Dieses Werk ist einschließlich aller seiner Teile – z.b. Texte, Tabellen und Grafiken - urheberrechtlich geschützt. Jede Verwertung außerhalb der Grenzen des Urheberrechtsgesetzes bedarf der vorherigen Zustimmung des Verlags. Dies gilt insbesondere auch für auszugsweise Nachdrucke, fotomechanische Vervielfältigungen (Fotokopie/Mikroskopie), Übersetzungen, Auswertungen durch Datenbanken oder ähnliche Einrichtungen und die Einspeicherung und Verarbeitung in elektronischen Systemen.